AUX COULEURS DU MONDE

# LES YEUX — DANS LES — YEUX

COMMENT LES ANIMAUX VOIENT
LE MONDE QUI LES ENTOURE

STEVE JENKINS

circonflexe

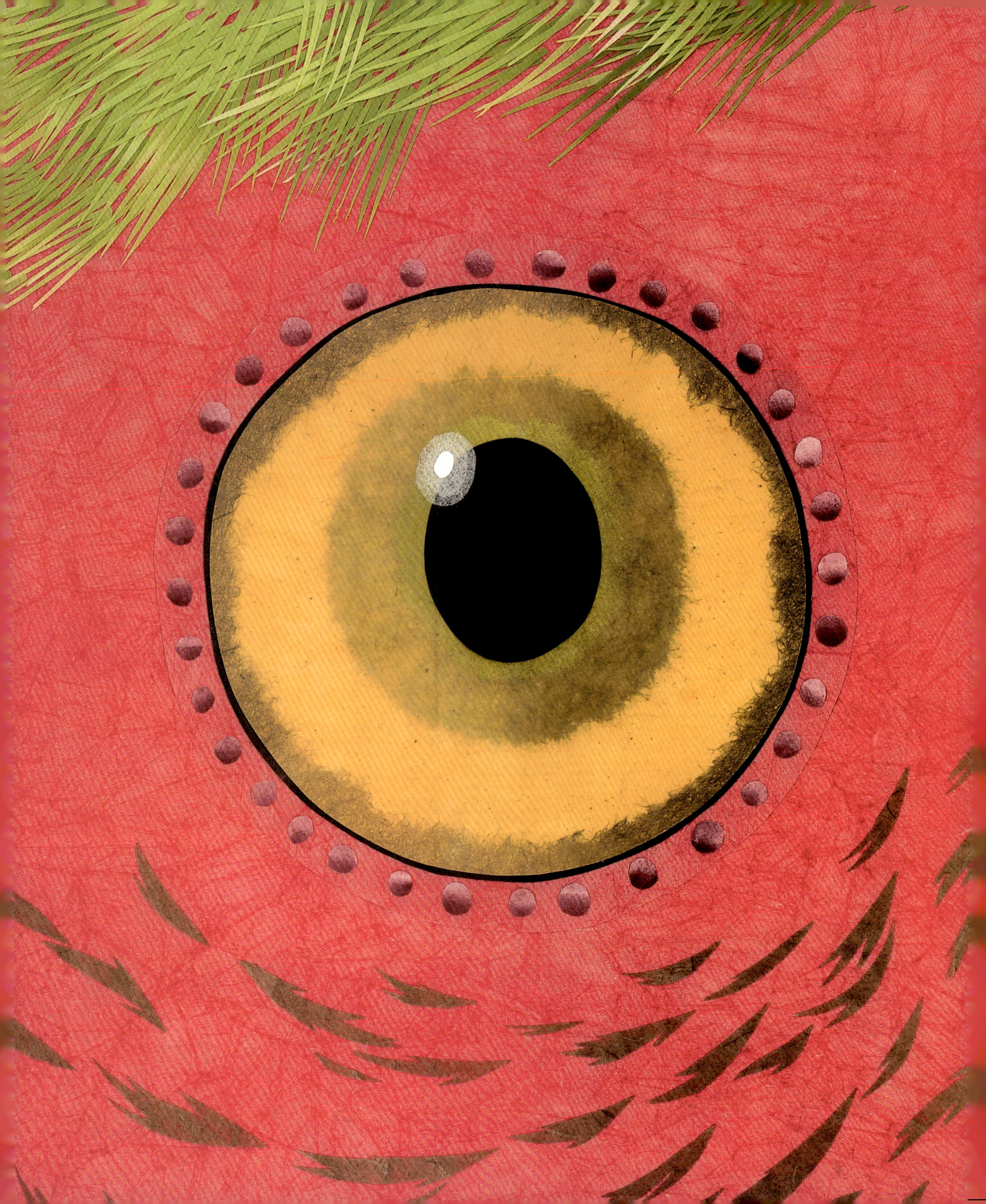

Les animaux comptent en général sur la vue plus que sur leurs autres sens pour percevoir ce qui se passe autour d'eux. Pour ces créatures, les yeux sont le lien essentiel avec le monde environnant.

Grâce à la vue, les animaux trouvent leur nourriture, évitent les prédateurs et localisent leur partenaire. La faune est présente dans pratiquement tous les habitats du globe, depuis les océans les plus profonds jusqu'aux montagnes enneigées. Chaque espèce a développé des yeux extraordinairement divers et des façons spécifiques de les utiliser. Certaines créatures ne peuvent que faire la différence entre la nuit et le jour, tandis que d'autres sont capables de percevoir des couleurs invisibles à l'homme, de distinguer leurs proies à une grande distance, ou de trouver leur chemin dans ce qui nous semble être l'obscurité totale.

Tournez la page pour rencontrer des animaux ayant plus de cent globes oculaires, des yeux qui peuvent regarder dans deux directions à la fois, des yeux de la taille d'un ballon de basket, et plus encore.

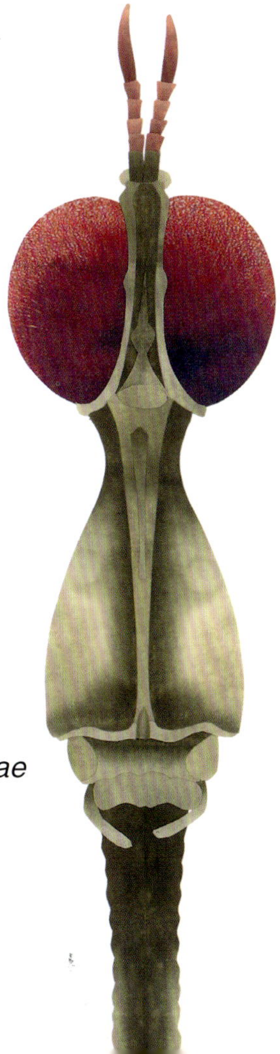

L'**Amazone à joues vertes**, une variété de perroquet, (à gauche) perçoit parfaitement les couleurs, ce qui lui permet de trouver les fruits et les fleurs avec lesquels il se nourrit.

Le **criquet-phasme** ou *Proscopiidae* est une sorte de sauterelle. Ses yeux exorbités lui permettent de voir dans plusieurs directions en même temps.

## Les premiers yeux

Sans le Soleil, la vie sur Terre ne serait pas possible. Depuis la naissance de notre planète, le Soleil l'a réchauffée et éclairée. Les premières formes de vie, de minuscules organismes dérivant dans les océans, avaient besoin de la chaleur et de la lumière du Soleil. Tout comme les plantes aujourd'hui, ils absorbaient sa lumière et l'utilisaient pour produire leur nourriture. Mais durant trois milliards d'années, toutes les créatures vivantes étaient aveugles. Elles ne percevaient que ce qu'elles pouvaient toucher, goûter, ou tâter. Puis, il y a environ six cent millions d'années, quelques animaux, les ancêtres des méduses actuelles et des éponges, ont développé une nouvelle faculté. Ils sont devenus les premiers animaux capables de voir. Leurs yeux n'étaient que de simples grappes de cellules

## Quatre types d'yeux

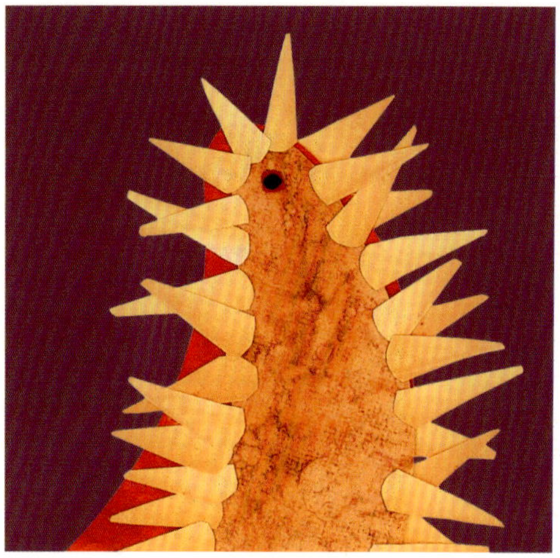

L'œil le plus simple est composé d'une grappe de cellules photosensibles appelées **« stigmas »** (ou taches oculaires). Ce type d'œil ne peut pas former d'images, mais peut percevoir la lumière. Certains vers ont des stigmas ; ainsi que les étoiles de mer au bout de chacune de leurs branches.

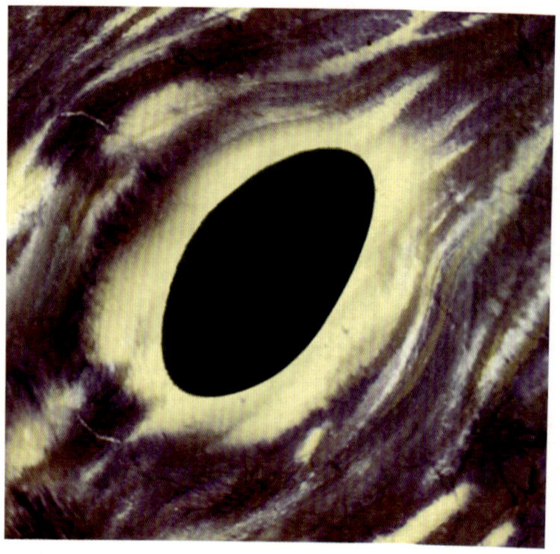

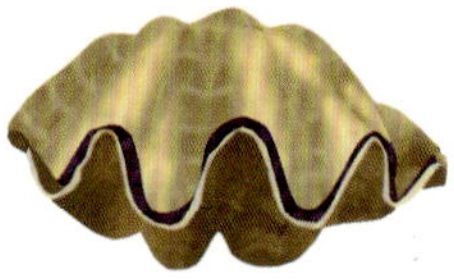

Un bénitier géant possède des milliers d'yeux dits **« en trou d'épingle »**. Dans chacun d'eux, une petite ouverture concentre la lumière qui pénètre à l'intérieur. L'œil en « trou d'épingle » est capable de former des images détaillées. Cependant, comme il ne laisse pas passer beaucoup de lumière, les images sont plus sombres que celles créées par un œil composé possédant des photorécepteurs.

sensibles à la lumière, mais cela leur donnait un grand avantage : ils se mettaient en sécurité en voyant l'ombre d'un prédateur, alors que ceux qui ne voyaient pas étaient généralement mangés.
Des millions d'années ont passé, et les yeux ont continué à évoluer. Des systèmes de vision hautement développés sont apparus, certains capables de distinguer les couleurs ou de former des images très nettes. Les yeux et les différents types de perceptions visuelles se sont diversifiés au cours du temps. De nos jours, il existe dans le monde animal des dizaines de types d'organes visuels qui sont pour la majorité des variantes d'un des quatre systèmes de base.

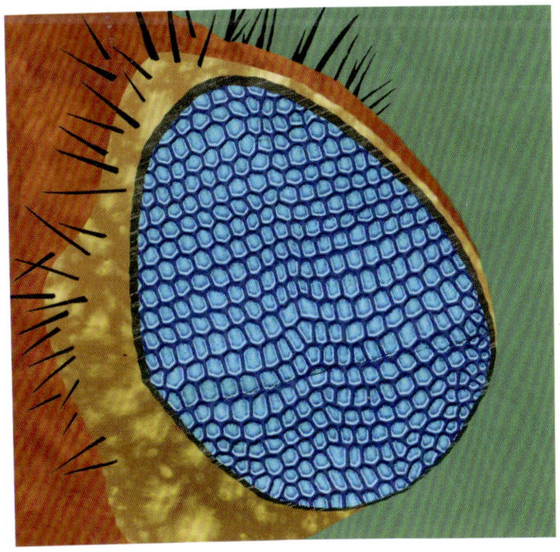

Comme les autres arthropodes, la libellule a des **yeux composés**. Chaque œil est formé de centaines, voire de milliers, de lentilles individuelles ou facettes. Chez certains insectes, ces dernières forment des images séparées. Chez d'autres, elles se juxtaposent pour donner une image unique.

Tel l'objectif d'une caméra, **l'œil photographique** utilise une lentille pour focaliser la lumière sur les surfaces sensibles d'une rétine. Il se trouve chez tous les oiseaux, les amphibiens, les reptiles, les mammifères, et même les humains. Les pieuvres, les méduses-boîtes et quelques autres animaux ont des yeux photographiques.

Tous les yeux possèdent des cellules appelées « photorécepteurs ». Ces cellules convertissent la lumière en signaux pouvant être interprétés par le cerveau d'un animal. Dans l'œil photographique, les photorécepteurs se trouvent sur la rétine.

## Écartez-vous de la lumière

Les stigmas de la **limace de mer** sont capables de détecter la lumière, mais ne peuvent pas former d'images ou percevoir leurs propres couleurs étincelantes. Ce type d'œil existe depuis des centaines de millions d'années.

## Je vais d'abord jeter un coup d'œil

Les yeux d'un **escargot** se trouvent à l'extrémité de ses deux cornes. Il peut ainsi regarder dans toutes les directions sans avoir à sortir la tête de sa coquille. Les yeux de l'escargot voient des images, mais fonctionnent principalement comme des détecteurs de lumière. Pouvoir appréhender l'ombre d'un oiseau ou d'un autre prédateur peut aider l'escargot à survivre.

## L'œil en trou d'épingle

Des animaux semblables au **nautile** existent depuis cinq cents millions d'années. Leurs yeux en « trou d'épingle » ne peuvent distinguer de grands objets et autres animaux que s'ils sont très proches. Ces yeux n'ont pas de lentilles, la pupille du nautile n'est pas irriguée.

## Combien d'yeux ?

Une espèce de **pétoncle**, (*Argopecten irradians*), est appelé également **« pétoncle aux yeux bleus »**. Ses deux rangées d'yeux bleus sensibles au mouvement et à la lumière permettent à la coquille de se refermer d'un coup sec en cas de danger. Le nombre d'yeux peut varier, on a trouvé un spécimen possédant 111 globes oculaires.

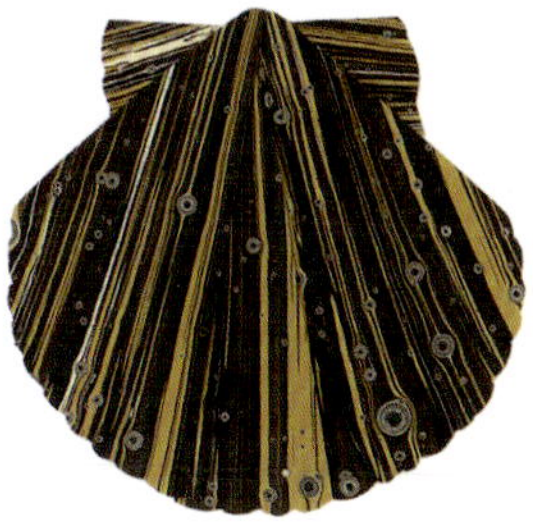

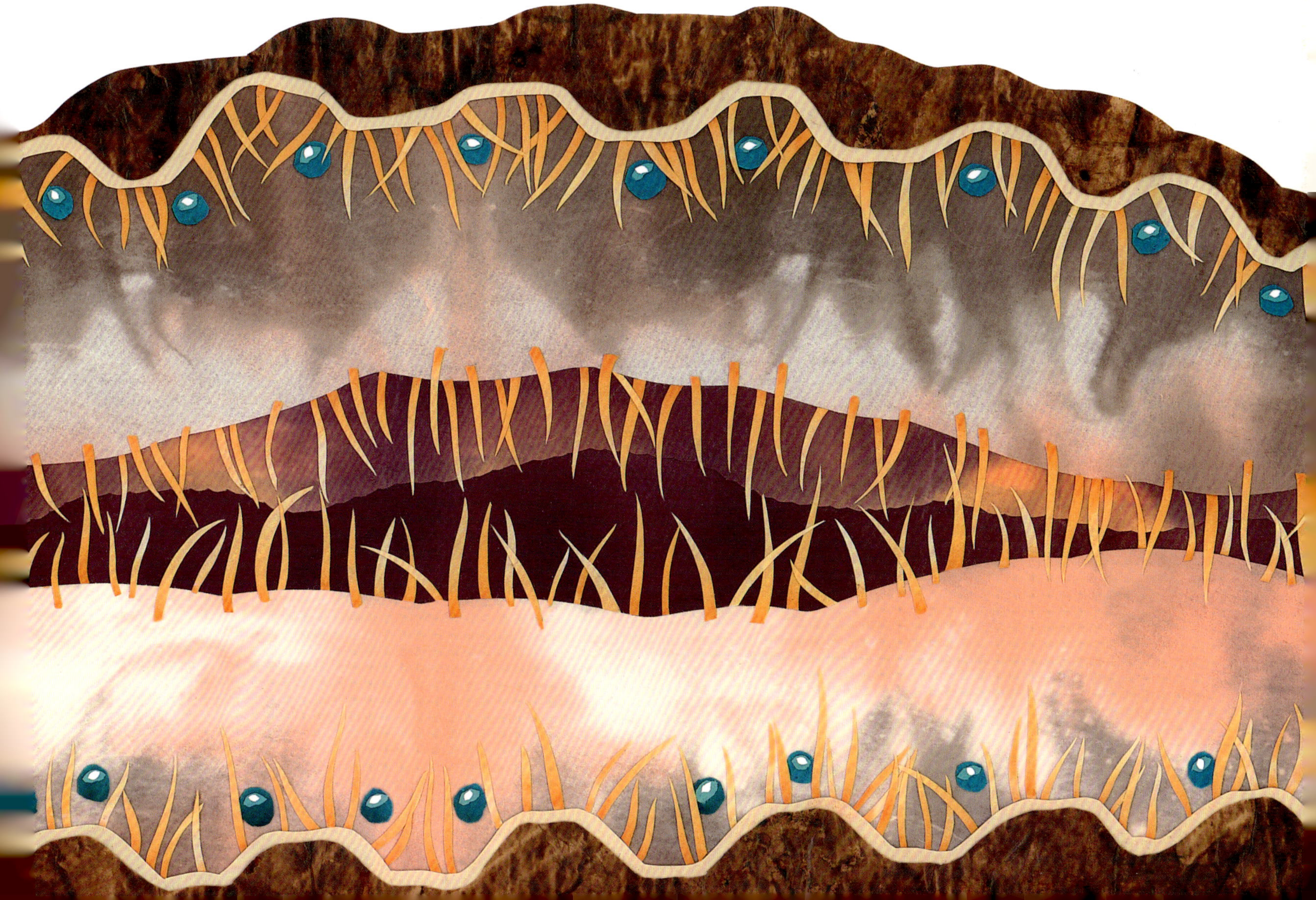

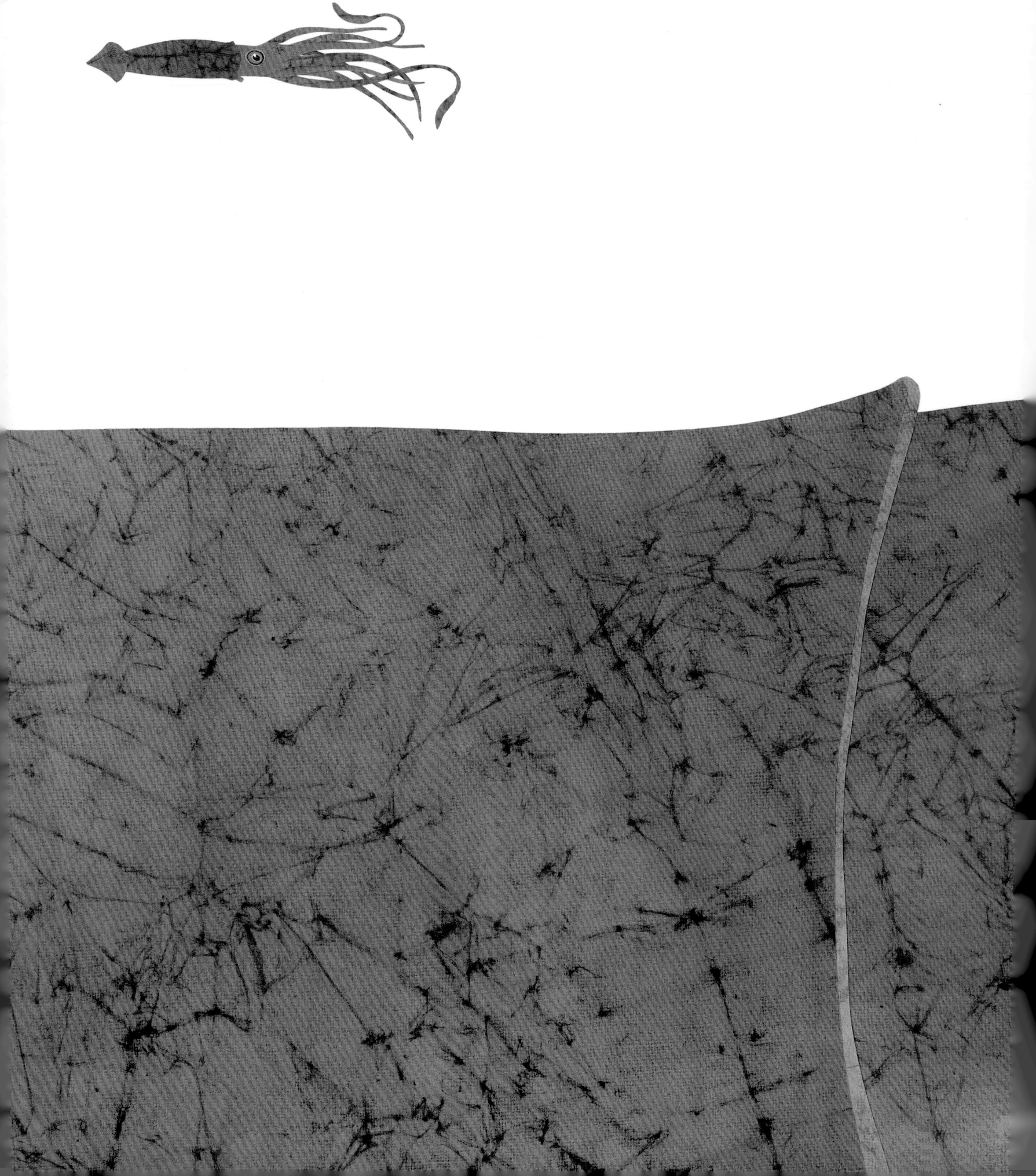

## Un œil géant

Les yeux du **calamar colossal** sont de la taille d'un ballon de basket. C'est l'œil le plus grand du règne animal. Ce calamar géant vit dans l'obscurité totale des profondeurs de l'océan. Ses yeux énormes lui permettent de percevoir la faible lueur émise par de minuscules créatures bioluminescentes lorsqu'elles sont dérangées par l'approche d'un grand cachalot, le pire ennemi du calamar.

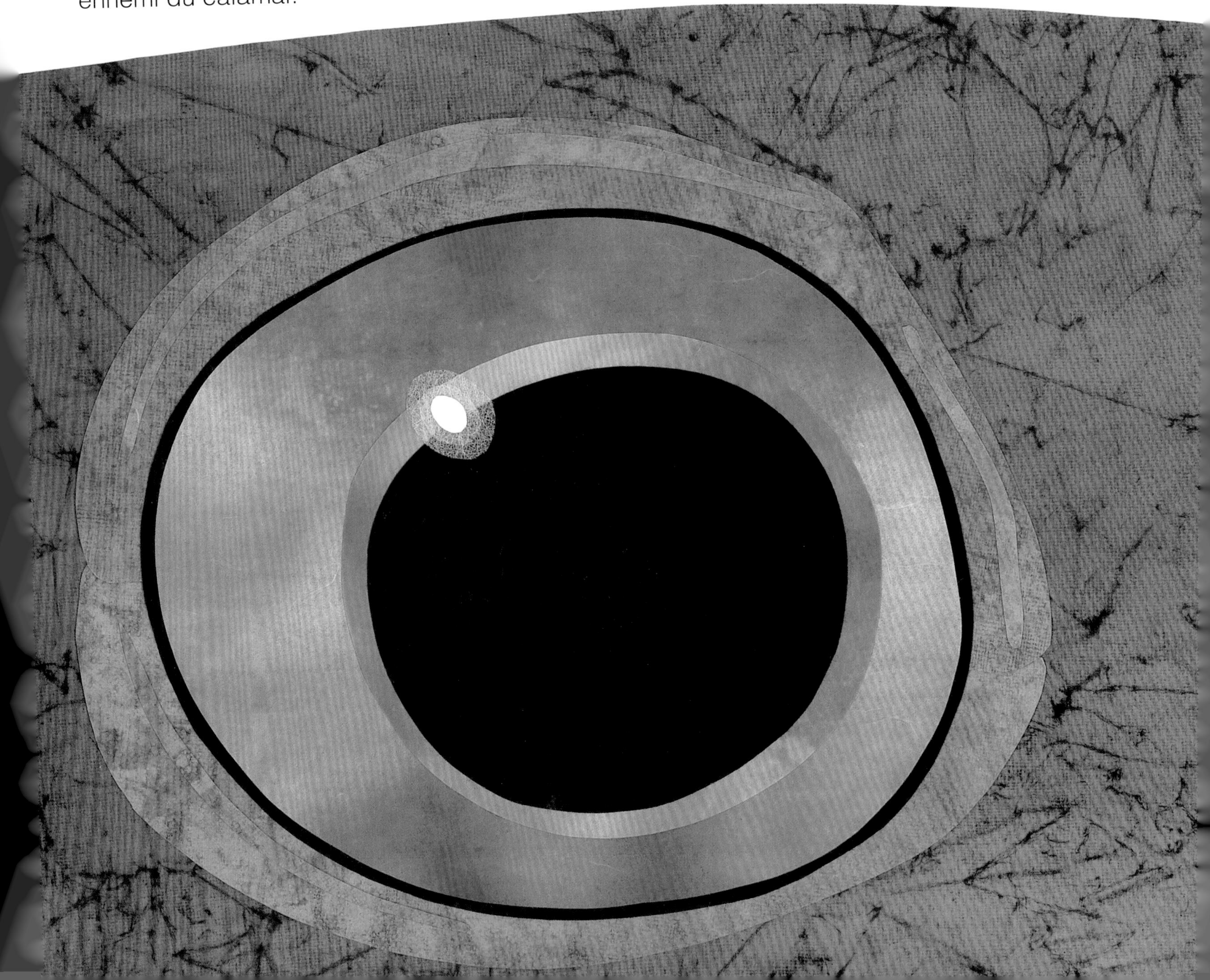

## Une cible mouvante

La **grenouille taureau** ne semble voir que des choses en mouvement. Elle se nourrit d'insectes, mais, face à une mouche immobile, elle est capable de mourir de faim. Les yeux de la grenouille l'aident aussi à avaler ses proies. Par des orifices les faisant communiquer avec l'intérieur de son crâne, ils exercent une pression qui en facilite l'ingestion.

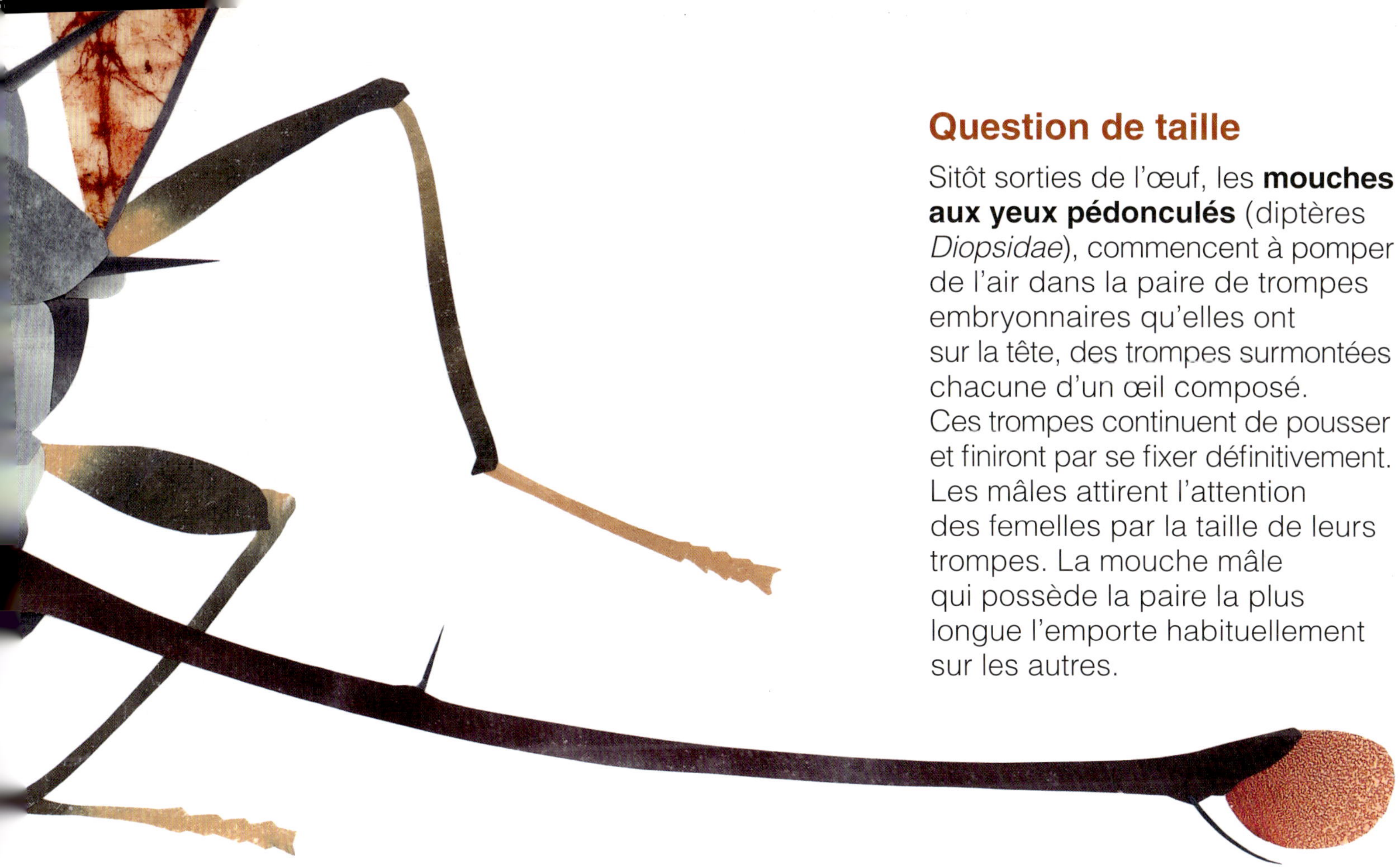

## Question de taille

Sitôt sorties de l'œuf, les **mouches aux yeux pédonculés** (diptères *Diopsidae*), commencent à pomper de l'air dans la paire de trompes embryonnaires qu'elles ont sur la tête, des trompes surmontées chacune d'un œil composé. Ces trompes continuent de pousser et finiront par se fixer définitivement. Les mâles attirent l'attention des femelles par la taille de leurs trompes. La mouche mâle qui possède la paire la plus longue l'emporte habituellement sur les autres.

## Voir l'invisible

***Papilio ulysses*** est capable de percevoir les mêmes couleurs que nous, plus d'autres que nous ne pouvons pas voir. Ses yeux composés sont sensibles à la lumière ultraviolette – lumière à haute fréquence invisible pour l'œil humain. Beaucoup de fleurs attirent les papillons en déployant des rayures et des dessins perceptibles seulement à la lumière ultra-violette. Ce papillon possède un large champ de vision proche de 360°.

## Vous chauffez !

Une paire d'organes de détection de chaleur sur le devant de la tête du **Fer de lance asiatique** (*Trimeresurus albolabris*) lui permet de « voir » la chaleur du corps d'un mammifère ou d'un oiseau. La chaleur rayonnante, ou radiation infrarouge, n'est en fait qu'une sorte de lumière que les humains ne voient pas. Ces organes, ou ouvertures, ne sont pas des yeux à proprement parlé, mais grâce à eux, le serpent peut détecter une image de sa proie à sang chaud dans ce qui nous paraît être l'obscurité totale.

## Si un regard pouvait tuer…

**L’araignée sauteuse** (*Salticidae*) est une prédatrice. Ses yeux, au nombre de huit, l’aident à repérer et à tuer ses proies. Elle en a deux paires de chaque côté de la tête (ils ne sont pas visibles sur cette image) capables de détecter le moindre mouvement. Les deux écartés sur le dessus lui permettent d’apprécier la profondeur de champ et les deux grands au milieu de la face forment des images détaillées, lui donnant ainsi la meilleure vision de toutes les araignées.

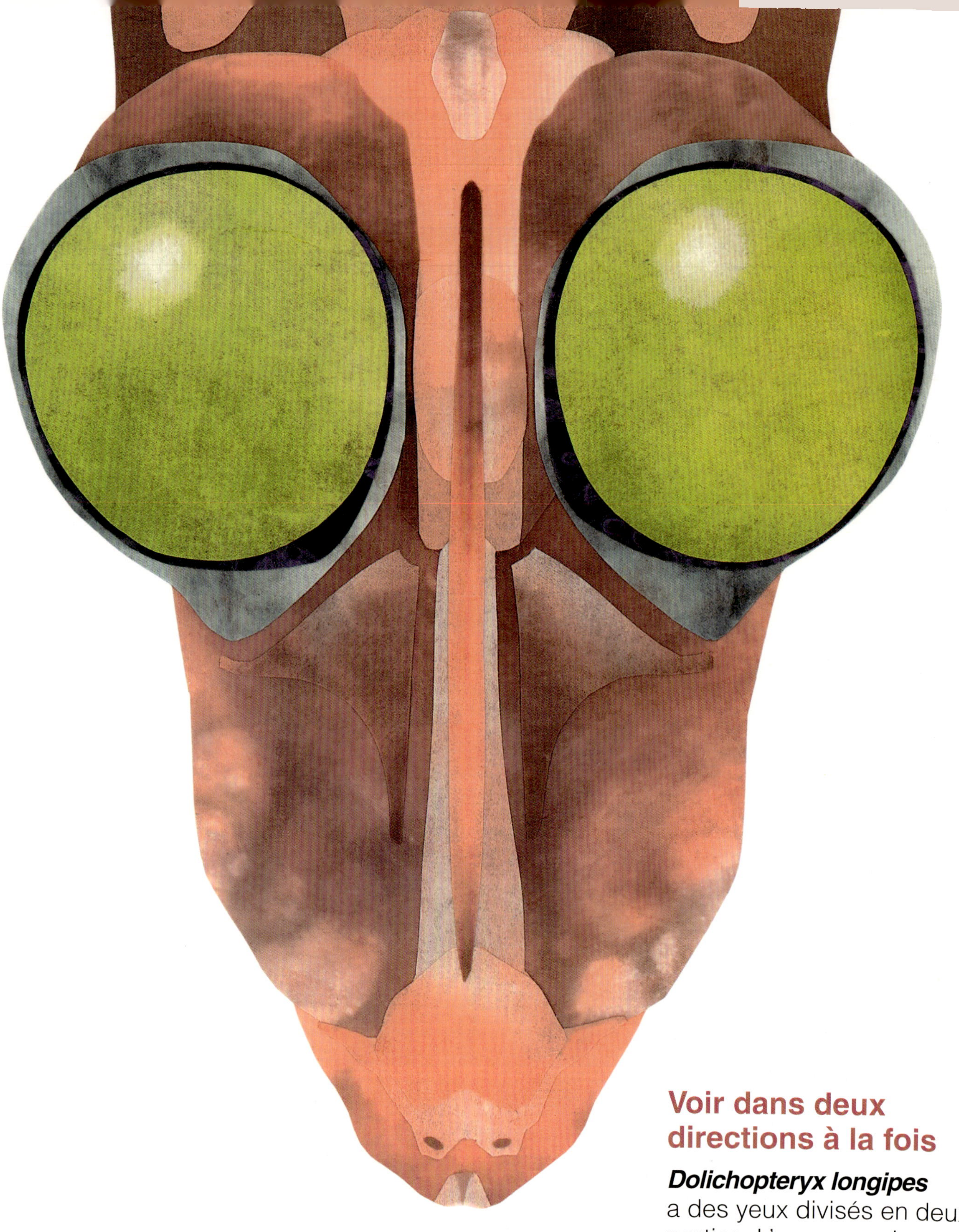

## Voir dans deux directions à la fois

***Dolichopteryx longipes*** a des yeux divisés en deux parties. L'une regarde vers la surface de l'eau à la recherche de proies. L'autre, vers le bas, scrutant les eaux sombres pour éviter les prédateurs qui pourraient s'y cacher.

## Deux plus un

***Sphenodon***, encore appelé **« tuatara »** ou **« hattérie »**, dernier membre survivant d'une ancienne famille de reptiles, possède un troisième œil au centre du sommet du crâne. Cet œil, sensible à la lumière, ne peut pas former d'images.

## Soyons optimistes, regardons vers le haut

Le jeune **flétan**, comme la plupart des poissons, possède un œil de chaque côté du corps. Cependant, avec le temps, l'un d'eux migre sur le dessus de la tête. À un moment donné, les deux yeux se retrouvent du même côté. Le flétan passe la plus grande partie de sa vie adulte couché sur son flanc aveugle au fond de l'océan. Ainsi positionné, ses yeux regardent vers le haut, dans la direction opposée au fond de l'océan.

## Dessus, dessous, de côté, vers le bas

Les yeux du **caméléon panthère** se déplacent de façon indépendante et dans tous les sens (en avant, en arrière, en haut et en bas). Cela lui permet de surveiller en même temps sa proie et ses prédateurs.

## 360 degrés

Les yeux composés du **crabe-fantôme** (*Ocypode*) sont positionnés sur des pédoncules capables de pivoter. Ce crabe possède une telle acuité visuelle qu'il peut repérer et capturer un insecte en vol. Il peut aussi voir approcher le danger de quel côté qu'il vienne.

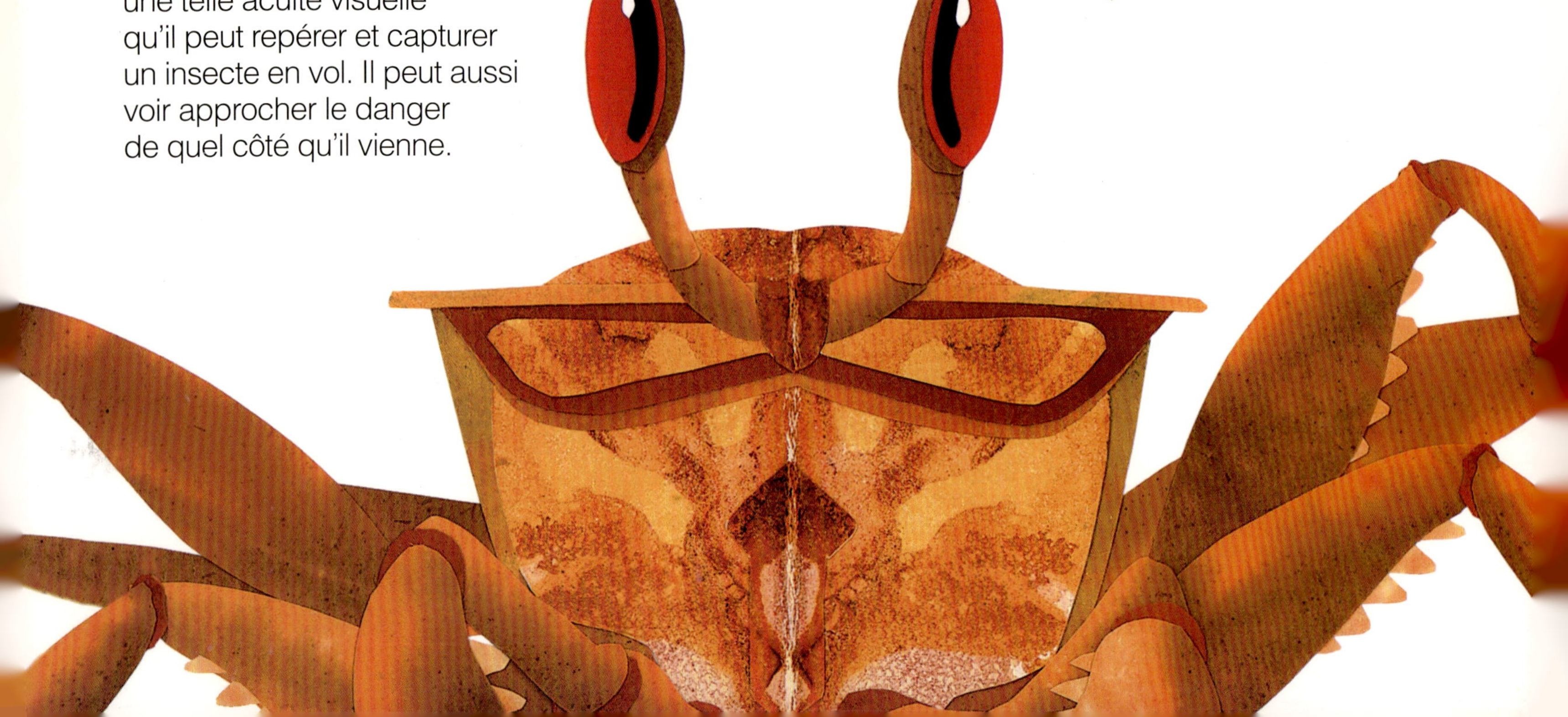

## À la tienne !

Le **gavial du Gange** est tranquillement tapi, ses yeux dépassant à peine au-dessus de l'eau. Il attend qu'un poisson en vienne troubler la surface. Quand l'un d'eux passe à proximité, le gavial saisit sa proie d'un rapide coup de mâchoire.

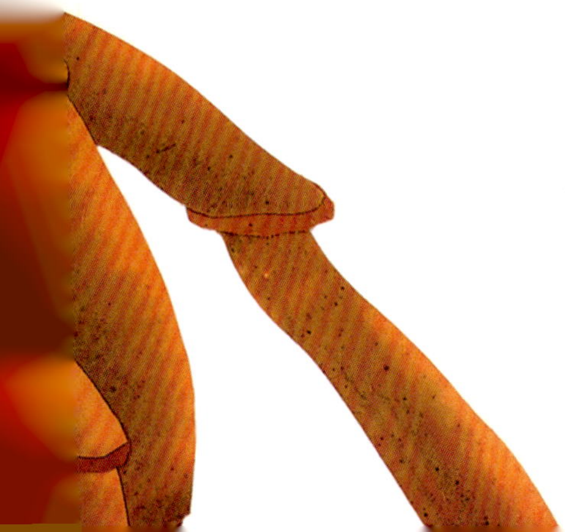

## Des yeux de chasseur

À l'arrière des yeux du **chat domestique** se trouve une couche réfléchissante appelée « *tapetum lucidum* » (expression latine signifiant « tapis luisant ») permettant d'augmenter la quantité de lumière captée par la rétine. C'est ainsi que le chat est capable de mieux voir dans la pénombre. Comme la plupart des prédateurs, les chats ont des yeux dirigés vers l'avant, position lui donnant un grand angle de vue. Cette large vision binoculaire lui permet d'estimer les distances et les reliefs ce qui en fait un chasseur hors pair.

## Des lunettes de natation intégrées

L'**hippopotame** passe le plus clair de son temps dans des lacs et des rivières. Il peut parfaitement voir sous l'eau, car ses yeux sont protégés par une membrane claire, particulièrement adaptée. Comme chez la plupart des herbivores, ses yeux sont situés de chaque côté de la tête. Cela lui donne un large champ de vision lui permettant de surveiller ses prédateurs (les lions, par exemple).

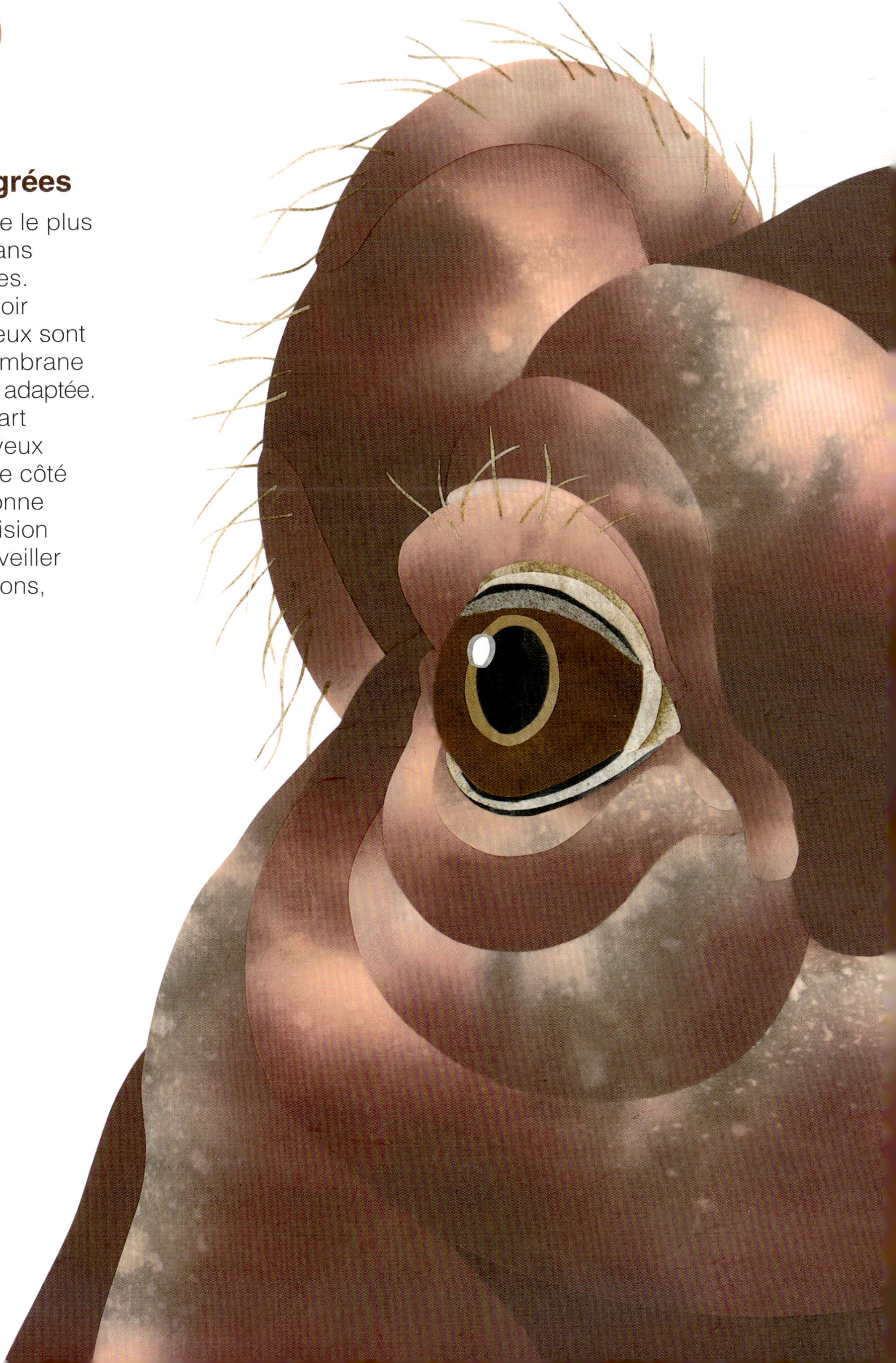

## Une fermeture Éclair ?

Le **gecko léopard** est un animal nocturne. Il est capable de voir dans l'obscurité. Quand ce lézard s'aventure au-dehors dans la journée, ses pupilles se contractent jusqu'à n'être que des fentes en forme de fermeture Éclair pour protéger ses yeux sensibles de la lumière vive du soleil.

## Des globes oculaires surdimensionnés

Le **tarsier** possède des yeux gigantesques. Par rapport à son corps, les yeux du tarsier sont les plus gros de tous les mammifères. Chaque œil est plus grand que la taille de son cerveau. Ses yeux énormes lui permettent de voir quand il chasse la nuit.

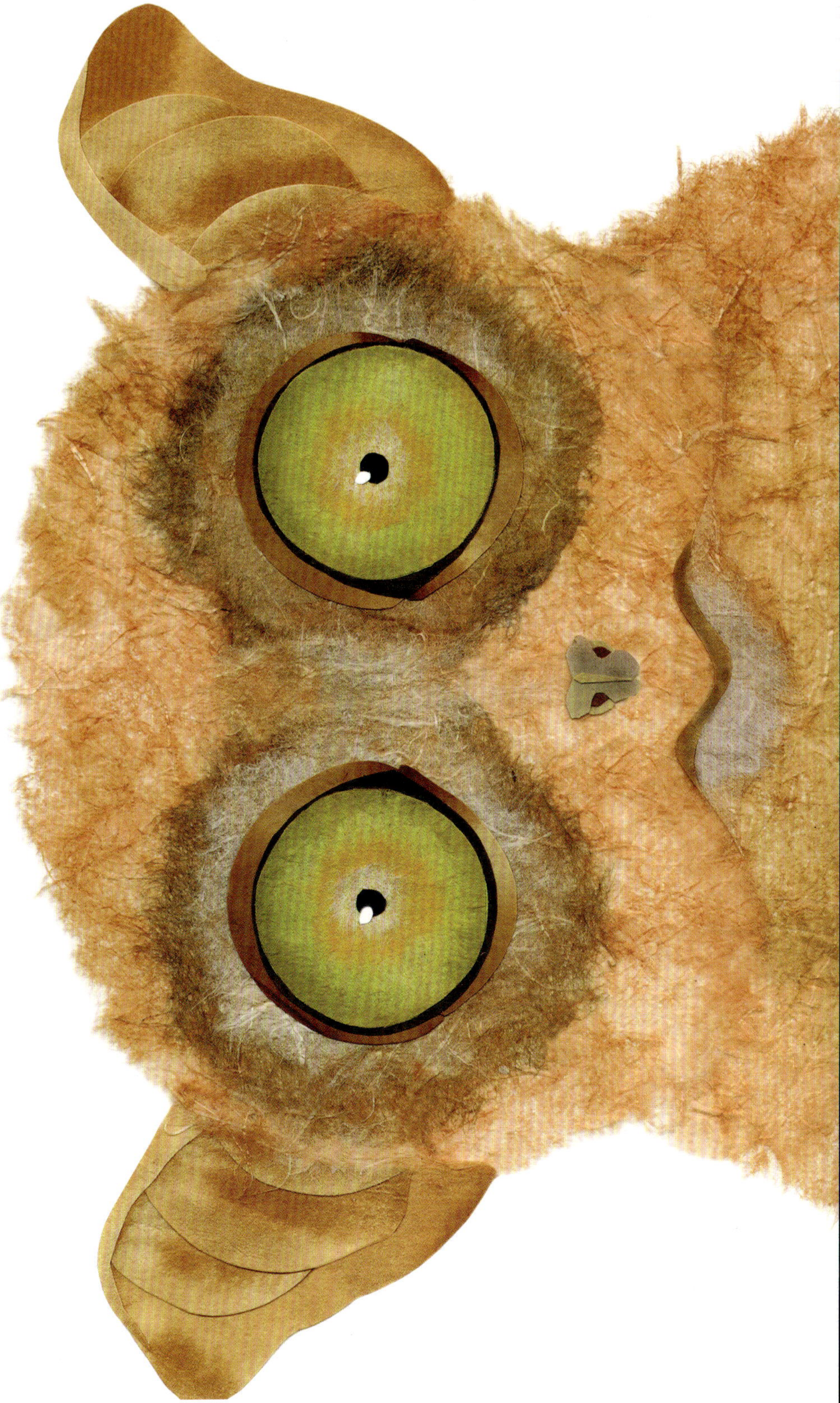

## Une vision arc-en-ciel

Le système visuel de la **crevette-mante**, encore appelée **« squille »**, est l'un des plus sophistiqué du monde animal. Ses yeux sont beaucoup plus sensibles aux couleurs que ceux des humains et ils peuvent percevoir des lumières invisibles à la plupart des autres créatures. Grâce à eux, la crevette-mante trouve ses proies et évite les dangers dans l'univers corallien multicolore où elle vit.

## Un chasseur à la vue perçante

La **buse variable** possède la vue la plus perçante de tous les animaux. Sa vision est huit fois plus précise que la nôtre, si précise en fait qu'elle peut repérer un lapin à trois kilomètres de distance.

## L’évolution de l’œil

Parmi les animaux vivant de nos jours, il est possible de voir les différentes étapes de l’évolution de l’œil depuis un œil simple appelé « ocelle » à un « œil photographique ».

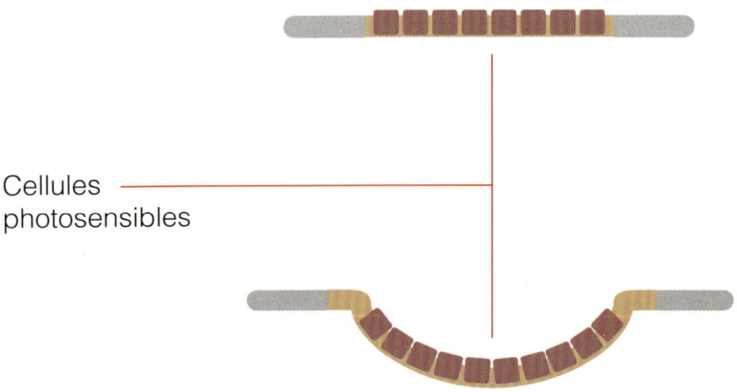


L’œil des premiers animaux était un ocelle, une mince couche de cellules photosensibles. Cette sorte d’œil se retrouve encore aujourd’hui chez quelques animaux primitifs qui ne peuvent distinguer que le clair du sombre.

*L’étoile de mer*

Cet ocelle peut être incurvé et former un miroir concave. La lumière dirigée vers cet œil (venant de toutes les directions sauf directement en face) est plus vive sur un des côtés de l’ocelle, permettant ainsi à l’animal de voir de quelle direction vient la lumière.

*La lamproie*

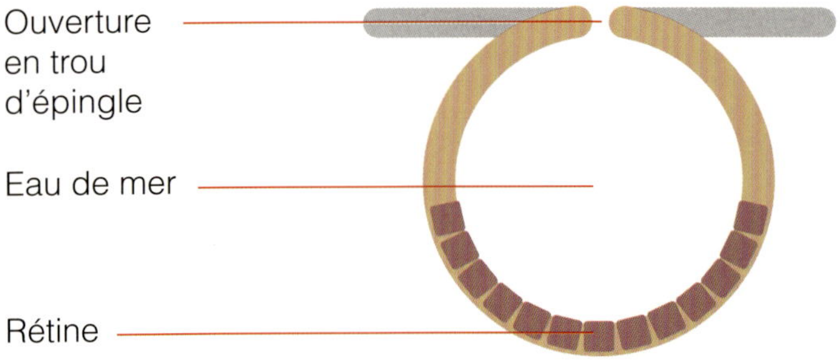


Dans l’œil en trou d’épingle, la cupule est presque fermée. Comme dans un sténopé (une caméra en trou d’épingle), une petite ouverture laisse entrer la lumière dans l’œil et permet de former une image.

*Le nautile*

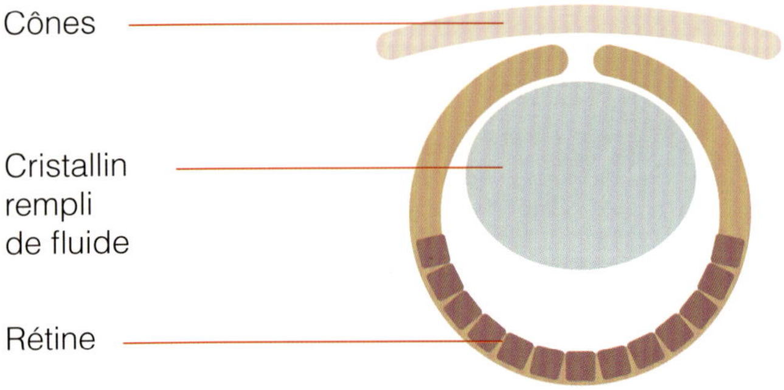


L’œil à lentille primitif contient une poche remplie de liquide permettant de concentrer la lumière. L’œil est recouvert d’une fine couche d’un tissu translucide, la cornée.

*L’escargot de mer*

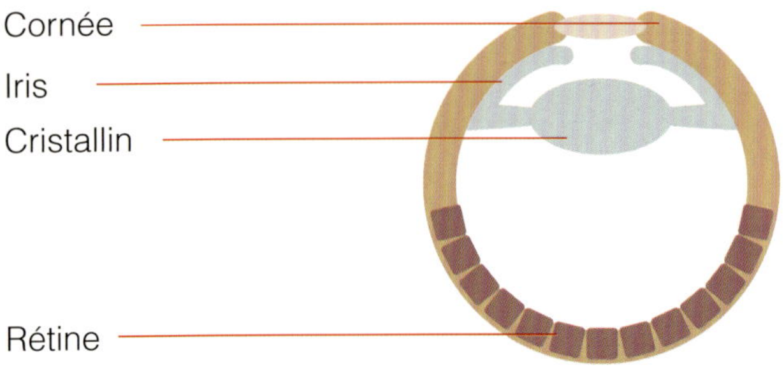


L’œil photographique comprend une cornée transparente et un cristallin solide qui peut changer de forme ou de position pour voir des objets à des distances variables.

*Le chien*

## Quelques informations sur les animaux

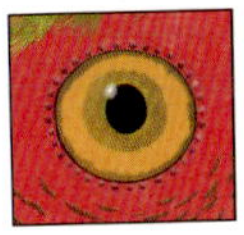

**Amazone à joues vertes**
*Taille* : 33 cm
*Habitat* : nord-est du Mexique, Floride, Californie et Texas
*Alimentation* : graines, fruits et fleurs

**Criquet-phasme**
*Taille* : 7,6 cm
*Habitat* : Amérique centrale et ouest de l'Amérique du Sud
*Alimentation* : feuilles des arbres et buissons

**Limace de mer**
*Taille* : 6,5 cm
*Habitat* : Caraïbes et région côtière européenne de l'Atlantique
*Alimentation* : anémones de mer

**Escargot de jardin**
*Taille* : jusqu'à 38 mm
*Habitat* : les régions tempérées du monde entier
*Alimentation* : les plantes en général (légumes, herbes, arbres fruitiers, et fleurs)

**Nautile**
*Taille* : sa coquille mesure environ 20 cm
*Habitat* : océan Pacifique, océan Indien
*Alimentation* : crabes, crevettes et poissons

***Argopecten irradians***, une espèce de **pétoncle**
*Taille* : sa coquille mesure de 2,5 à 7,5 cm
*Habitat* : le long de la côte est des États-Unis
*Alimentation* : zooplancton (minuscules animaux aquatiques vivant en suspension dans l'eau)

**Calamar colossal**
*Taille* : sa longueur peut atteindre 14 m
*Habitat* : les profondeurs de l'océan Austral
*Alimentation* : poissons et autres calamars

**Grenouille taureau** ou **ouaouaron**
*Taille* : environ 13 cm
*Habitat* : milieux aquatiques (mares, marécages, etc.) d'Amérique du Nord et du Sud, d'Europe et de Chine
*Alimentation* : insectes, petits reptiles et grenouilles

**Mouche à pédoncules** ou ***Diopsidae***
*Taille* : 13 mm
*Habitat* : Asie et Afrique
*Alimentation* : champignons et bactéries

***Papilio ulysses***
*Taille* : 14 cm
*Habitat* : nord-est de l'Australie et Nouvelle-Guinée
*Alimentation* : buissons à fleurs et fruits

**Fer de lance asiatique** ou ***Trimeresurus albolabris***
*Taille* : 60 cm de long
*Habitat* : forêts de l'Asie du Sud-Est
*Alimentation* : oiseaux, lézards et grenouilles

**Araignée sauteuse**
*Taille* : 1 à 22 mm
*Habitat* : sur tous les continents sauf dans les zones arctiques
*Alimentation* : insectes et autres araignées

***Dolichopteryx longipes***
*Taille* : 18 cm
*Habitat* : grandes profondeurs de l'Atlantique et de l'océan Pacifique
*Alimentation* : poissons et petits mammifères marins

***Sphenodon*** encore appelé **« tuatara »** ou **« hattérie »**
*Taille* : 76 cm
*Habitat* : Nouvelle-Zélande
*Alimentation* : grenouilles, lézards, œufs et oiseaux

**Flétan**
*Taille* : 2,5 m
*Habitat* : Atlantique nord et océan Pacifique
*Alimentation* : crabes, crevettes, poulpes, poissons

**Caméléon panthère**
*Taille* : 46 cm
*Habitat* : forêts de Madagascar
*Alimentation* : insectes

**Crabe-fantôme** ou ***Ocypode***
*Taille* : 5 cm
*Habitat* : plages de sable dans les régions tempérées et tropicales
*Alimentation* : palourdes, crabes et autres petits invertébrés

**Gavial du Gange**
*Taille* : 6 m
*Habitat* : rivières du nord de l'Inde et du Népal
*Alimentation* : poissons, grenouilles et crustacés

**Chat domestique**
*Taille* : 46 cm sans compter la queue
*Habitat* : partout où vivent les gens
*Alimentation* : nourriture pour chats du commerce (à base de viande), oiseaux et petits mammifères

**Hippopotame**
*Taille* : son poids peut atteindre 2 700 kg
*Habitat* : rivières et lacs du centre et du sud de l'Afrique
*Alimentation* : herbes et plantes aquatiques

**Gecko léopard**
*Taille* : 25 cm
*Habitat* : régions arides du sud de l'Asie
*Alimentation* : insectes et vers

**Tarsien** ou **tarsier**
*Taille* : 15 cm
*Habitat* : Asie du Sud-Est
*Alimentation* : oiseaux et petits reptiles

**Squille** ou **crevette-mante**
*Taille* : 30 cm
*Habitat* : les eaux peu profondes des mers tropicales et subtropicales
*Alimentation* : poissons et crustacés

**Buse variable**
*Taille* : 122 cm d'envergure
*Habitat* : forêts d'Europe
*Alimentation* : oiseaux et petits mammifères

## Glossaire

**Arthropodes**
Groupe d'animaux possédant des pièces articulées, généralement recouvertes d'une carapace rigide segmentée mais sans épine dorsale. Ce groupe comprend les insectes, les araignées, les scorpions, les crabes et les crevettes.

**Bioluminescent**
Un organisme vivant capable de produire sa propre lumière.

**Cellules réceptrices**
Dans beaucoup de systèmes visuels évolués, il existe deux sortes de cellules photoréceptrices : les bâtonnets et les cônes. Les bâtonnets sont sensibles à des intensités lumineuses basses, mais ne permettent pas de distinguer les couleurs. Les cônes sont responsables de la vision des couleurs, chaque type de cône réagissant aux différentes nuances colorées de la lumière. Le nombre des différents cônes dans l'œil d'un animal varie. Les chiens en ont deux types ; les humains, trois ; les oiseaux et beaucoup de poissons en ont quatre. Il y en a douze chez la crevette-mante.

**Cornée**
Protection transparente recouvrant le devant de l'œil. La cornée est bombée et permet de transmettre la lumière.

**Cristallin**
Lentille dure et transparente de l'œil des humains et de nombreux animaux. Le cristallin a le pouvoir de se déformer et de bouger de façon à concentrer la lumière sur la rétine.

**Iris**
La partie colorée de l'œil. L'iris est une fine membrane sur la face antérieure du globe oculaire qui contrôle la taille de la pupille.

**Membrane**
Couche de tissu mince et souple.

**Nocturne**
Qui vit la nuit.

**Orbite**
Un œil ou un globe oculaire.

**Pupille**
Ouverture par laquelle la lumière pénètre dans l'œil. Chez de nombreux animaux, la taille de cet orifice varie pour s'adapter aux variations d'intensité de la lumière.

**Rétine**
Membrane interne sensible à la lumière tapissant le fond du globe oculaire. La rétine est formée de cellules réceptrices, cônes et bâtonnets. Elles transforment la lumière en impulsions nerveuses qui sont transmises au cerveau.

***Tapetum lucidum* ou tapis luisant**
Couche réfléchissante située au fond de l'œil qui en augmente la sensibilité, même par faible luminosité. On la trouve chez beaucoup de poissons, de reptiles et de mammifères (sauf chez les humains). Voilà pourquoi leurs yeux luisent la nuit quand ils sont éclairés par une lumière.

**Vision à 360°**
La possibilité de voir de tous les côtés à la fois de façon circulaire.

**Ultraviolet**
Lumière ayant une longueur d'onde plus courte et émettant plus d'énergie que la lumière que nous pouvons voir. Les ultraviolets causent des brûlures cutanées et peuvent être perçus par beaucoup d'insectes, de poissons, d'oiseaux et d'autres créatures.

*Ce livre est dédié à Jamie, Alec et Page.*

Traduit de l'anglais par Mireille Chauveinc


ISBN : 978-2-87833-720-4
Imprimé en Chine
Dépôt légal : septembre 2014
Loi n° 49-956 du 16 juillet 1949
sur les publications destinées à la jeunesse